MARTIN HEIDEGGER

Der Feldweg

VITTORIO KLOSTERMANN · FRANKFURT AM MAIN

Er läuft aus dem Hofgartentor zum Ehnried. Die alten Linden des Schloßgartens schauen ihm über die Mauer nach, mag er um die Osterzeit hell zwischen den aufgehenden Saaten und erwachenden Wiesen leuchten oder um Weihnachten unter Schneewehen hinter dem nächsten Hügel verschwinden.

Vom Feldkreuz her biegt er auf den Wald zu.

An dessen Saum vorbei grüßt er eine hohe Eiche, unter der eine roh gezimmerte Bank steht.
Darauf lag bisweilen die eine oder die andere Schrift der großen Denker, die eine junge Unbeholfenheit zu entziffern versuchte. Wenn die Rätsel einander drängten und kein Ausweg sich bot, half der Feldweg.

Denn er geleitet den Fuß auf wendigem Pfad still durch die Weite des kargen Landes.

Immer wieder geht zuweilen das Denken in den gleichen Schriften oder bei eigenen Versuchen auf dem Pfad, den der Feldweg durch die Flur zieht. Dieser bleibt dem Schritt des Denkenden so nahe wie dem Schritt des Landmannes, der in der Morgenfrühe zum Mähen geht.

Öfter mit den Jahren entführt die Eiche am Weg zum Andenken an frühes Spiel und erstes Wählen. Wenn zu Zeiten mitten im Wald eine Eiche unter dem Schlag der Holzaxt fiel, suchte der Vater alsbald quer durchs Gehölz und über sonnige Waldblößen den ihm zugewiesenen Ster für seine Werkstatt. Hier hantierte er bedächtig in den Pausen seines Dienstes bei der Turmuhr und den Glocken, die beide ihre eigene Beziehung zu Zeit und Zeitlichkeit unterhalten.

Aus der Eichenrinde aber schnitten die Buben ihre Schiffe, die mit Ruderbank und Steuer ausgerüstet im Mettenbach oder im Schulbrunnen schwammen. Die Weltfahrten der Spiele kamen noch leicht an ihr Ziel und fanden wieder an die Ufer zurück. Das Träumerische solcher Fahrten blieb in einem ehemals noch kaum sichtbaren Glanz geborgen, der auf allen Dingen lag. Ihr Reich umgrenzten Auge und Hand der Mutter. Es war, als hütete ihre ungesprochene Sorge alles Wesen. Jene Fahrten des Spieles wußten noch nichts von Wanderungen, auf denen alle Ufer zurückbleiben. Indessen begannen Härte und Geruch des Eichenholzes vernehmlicher von der Langsamkeit und Stete zu sprechen, mit denen der Baum wächst. Die Eiche selber sprach, daß in solchem Wachstum allein gegründet wird, was dauert und fruchtet: daß wachsen heißt: der Weite des Himmels sich öffnen und zugleich in das Dunkel der Erde wurzeln; daß alles Gediegene nur gedeiht, wenn der Mensch gleich recht beides ist: bereit dem Anspruch des höchsten Himmels und aufgehoben im Schutz der tragenden Erde.

Immer noch sagt es die Eiche dem Feldweg, der seines Pfades sicher bei ihr vorbeikommt. Was um den Weg sein Wesen hat, sammelt er ein und trägt jedem, der auf ihm geht, das Seine zu. Dieselben Äcker und Wiesenhänge begleiten den Feldweg zu jeder Jahreszeit mit einer stets anderen Nähe. Ob das Alpengebirge über den Wäldern in die Abenddämmerung wegsinkt, ob dort, wo der Feldweg sich über eine Hügelwelle schwingt, die Lerche in den Sommermorgen steigt, ob aus der Gegend, wo das Heimatdorf der Mutter liegt, der Ostluft herüberstürmt, ob ein Holzhauer beim Zunachten sein Reisigbündel zum Herd schleppt, ob ein Erntewagen in den Fuhren des Feldweges heimwärtsschwankt, ob Kinder die ersten Schlüsselblumen am Wiesenrain pflücken, ob der Nebel tagelang seine Düsternis und Last über die Fluren schiebt, immer und von überall her steht um den Feldweg der Zuspruch des Selben:

Das Einfache verwahrt das Rätsel des Bleibenden und des Großen. Unvermittelt kehrt es bei den Menschen ein und braucht doch ein langes Gedeihen. Im Unscheinbaren des immer Selben verbirgt es seinen Segen. Die Weite aller gewachsenen Dinge, die um den Feldweg verweilen, spendet Welt. Im Ungesprochenen ihrer Sprache ist, wie der alte Lese- und Lebemeister Eckehardt sagt, Gott erst Gott.

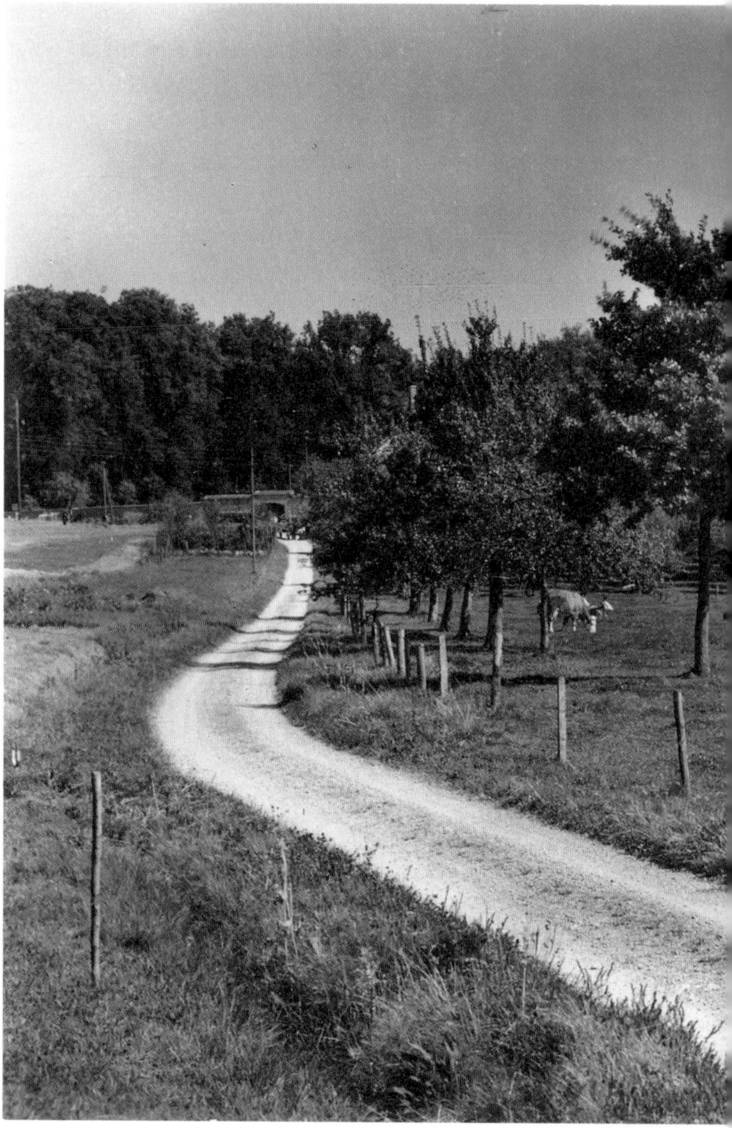

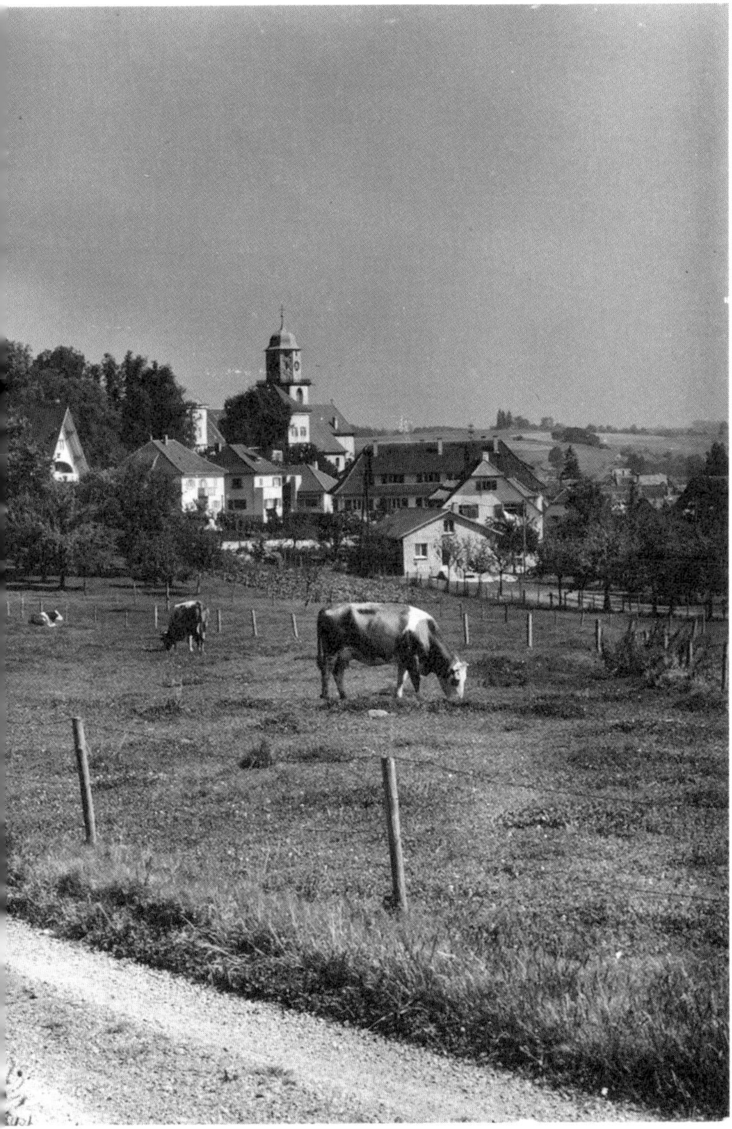

Aber der Zuspruch des Feldweges spricht nur so lange, als Menschen sind, die, in seiner Luft geboren, ihn hören können. Sie sind Hörige ihrer Herkunft, aber nicht Knechte von Machenschaften. Der Mensch versucht vergeblich, durch sein Planen den Erdball in eine Ordnung zu bringen, wenn er nicht dem Zuspruch des Feldweges eingeordnet ist. Die Gefahr droht, daß die Heutigen schwerhörig für seine Sprache bleiben. Ihnen fällt nur noch der Lärm der Apparate, die sie fast für die Stimme Gottes halten, ins Ohr. So wird der Mensch zerstreut und weglos. Den Zerstreuten erscheint das Einfache einförmig. Das Einförmige macht überdrüssig. Die Verdrießlichen finden nur noch das Einerlei. Das Einfache ist entflohen. Seine stille Kraft ist versiegt.

Wohl verringert sich rasch die Zahl derer, die noch das Einfache als ihr erworbenes Eigentum kennen. Aber die Wenigen werden überall die Bleibenden sein. Sie vermögen einst aus der sanften Gewalt des Feldweges die Riesenkräfte der Atomenergie zu überdauern, die sich das menschliche Rechnen erkünstelt und zur Fessel des eigenen Tuns gemacht hat.

Der Zuspruch des Feldweges erweckt einen Sinn, der das Freie liebt und auch die Trübsal noch an der günstigen Stelle überspringt in eine letzte Heiterkeit. Sie wehrt dem Unfug des nur Arbeitens, der, für sich betrieben, allein das Nichtige fördert.

In der jahreszeitlich wechselnden Luft des Feldweges gedeiht die wissende Heiterkeit, deren Miene oft schwermütig scheint. Dieses heitere Wissen ist das „Kuinzige". Niemand gewinnt es, der es nicht hat. Die es haben, haben es vom Feldweg. Auf seinem Pfad begegnen sich der Wintersturm und der Erntetag, treffen sich das regsam Erregende des Frühjahrs und das gelassene Sterben des Herbstes, erblicken einander das Spiel der Jugend und die Weisheit des Alters. Doch in einen einzigen Einklang, dessen Echo der Feldweg schweigsam mit sich hin und her trägt, ist alles verheitert.

Die wissende Heiterkeit ist ein Tor zum Ewigen. Seine Tür dreht sich in den Angeln, die aus den Rätseln des Daseins bei einem kundigen Schmied einst geschmiedet worden.

Vom Ehnried her kehrt der Weg zurück zum Hofgartentor. Über den letzten Hügel hinweg führt sein schmales Band durch eine flache Senke hin bis an die Stadtmauer. Matt leuchtet es im Sternenschein. Hinter dem Schloß ragt der Turm der St. Martinskirche. Langsam, fast zögernd verhallen elf Stundenschläge in der Nacht. Die alte Glocke, an deren Seilen oft Bubenhände sich heißgerieben, zittert unter den Schlägen des Stundenhammers, dessen finster-drolliges Gesicht keiner vergißt.

Die Stille wird mit seinem letzten Schlag noch stiller. Sie reicht bis zu jenen, die durch zwei Welt-Kriege vor der Zeit geopfert sind. Das Einfache ist noch einfacher geworden. Das immer Selbe befremdet und löst. Der Zuspruch des Feldweges ist jetzt ganz deutlich. Spricht die Seele? Spricht die Welt? Spricht Gott?

Alles spricht den Verzicht in das Selbe. Der Verzicht nimmt nicht. Der Verzicht gibt. Er gibt die unerschöpfliche Kraft des Einfachen. Der Zuspruch macht heimisch in einer langen Herkunft.

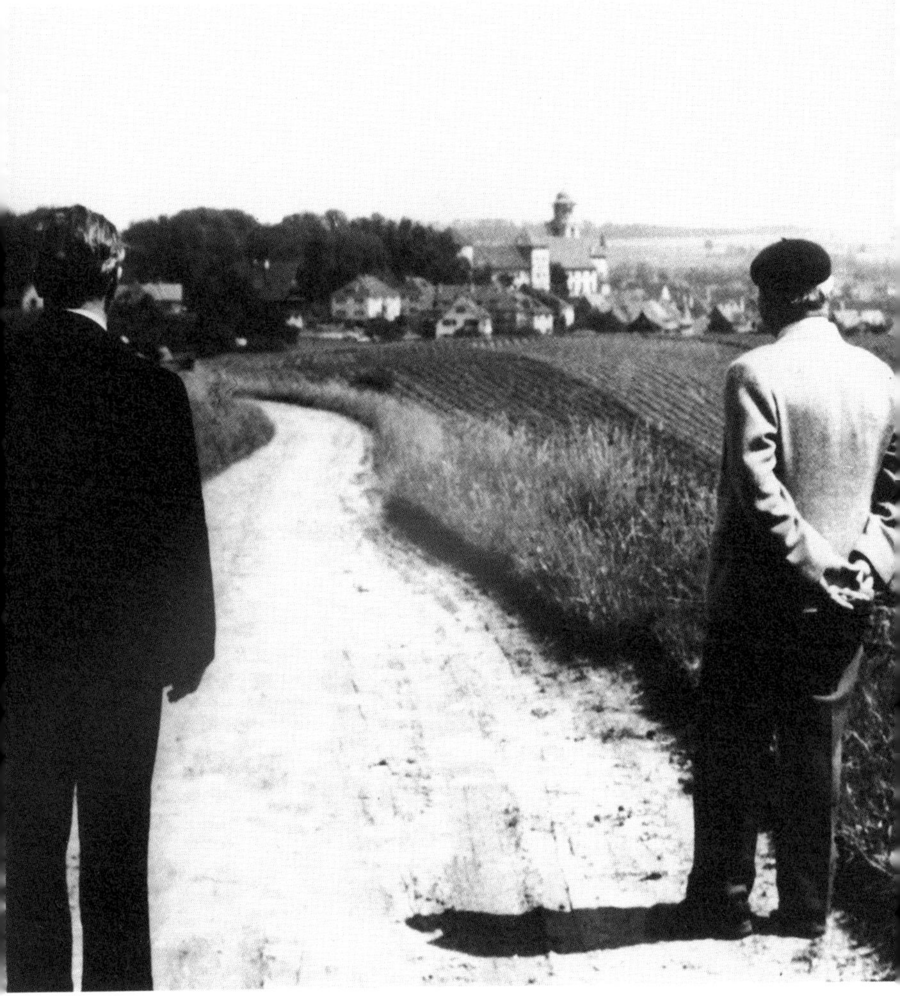

Zu dieser Ausgabe

In der Jugendzeit Martin Heideggers lief der Feldweg unmittelbar hinter dem Hofgartentor in sanften Windungen, die dem Gelände angepaßt waren, durch Wiesen und Felder zum Ehnried. Heute ist die Stadt Meßkirch auch nach Süden hinausgewachsen; der Feldweg ist eine mit Gehwegen versehene geteerte und bebaute Wohnstraße geworden, an deren Ende zwei neue Schulen, darunter das Martin-Heidegger-Gymnasium, stehen. Erst dann läuft, nun auch geteert, der Feldweg am alten Feldkreuz vorbei zur Bank unter der alten Eiche am Waldrand.
Die Liebhaber-Aufnahmen des ursprünglichen Feldweges in dieser Ausgabe, die wir fast ausschließlich Frau Elsbeth Büchin, Meßkirch, verdanken, mögen dem Leser eine kleine Hilfe sein, sich vorstellen zu können, wie der Feldweg früher ausgesehen hat.

Hermann Heidegger

11. – 13. Tausend

Bebilderte Sonderausgabe
4. Auflage 2010
© Vittorio Klostermann GmbH, Frankfurt am Main 1989
Alle Rechte vorbehalten.
Gesamtherstellung: Hubert & Co., Göttingen
ISBN 978-3-465-04092-7
Printed in Germany